Impressum
Verlag: BABADADA GmbH, Nedderfeld 112 , 22529 Hamburg
Geschäftsführer / Verlagsleitung: Harald Hof
Druck: Books on Demand GmbH, In de Tarpen 42, 22848 Norderstedt

Imprint
Publisher: BABADADA GmbH, Nedderfeld 112 , 22529 Hamburg, Germany
Managing Director / Publishing direction: Harald Hof
Print: Books on Demand GmbH, In de Tarpen 42, 22848 Norderstedt

de School
escola

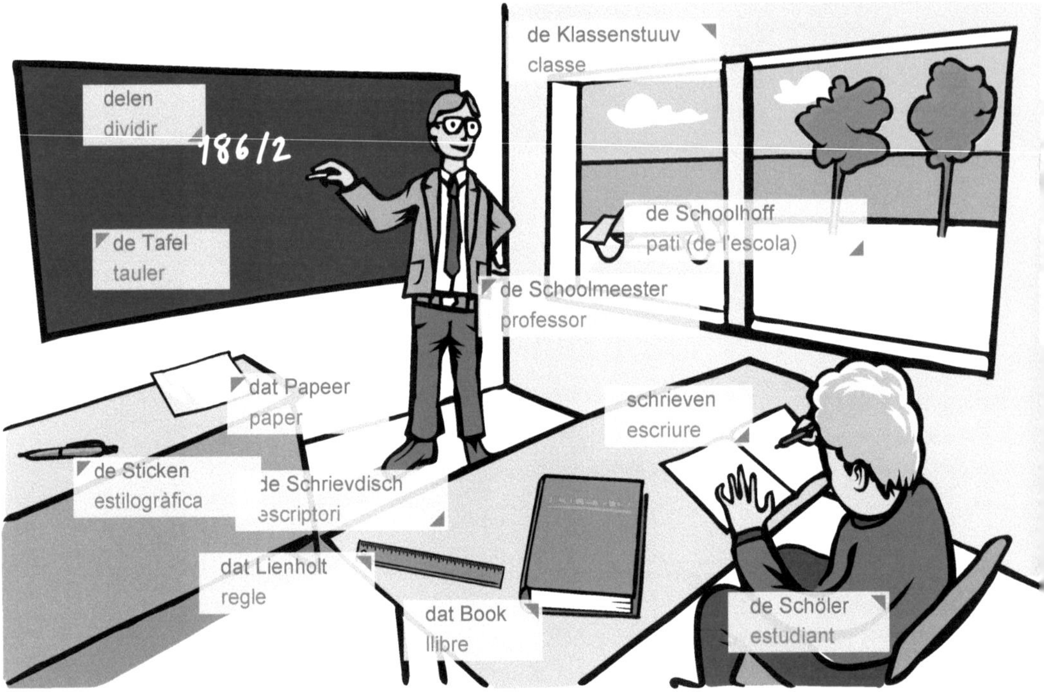
de Klassenstuuv
classe
delen
dividir
186/2
de Schoolhoff
pati (de l'escola)
de Tafel
tauler
de Schoolmeester
professor
dat Papeer
paper
schrieven
escriure
de Sticken
estilogràfica
de Schrievdisch
escriptori
dat Lienholt
regle
dat Book
llibre
de Schöler
estudiant

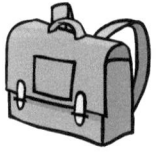

de Ranzel

bossa

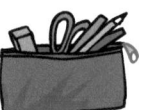

de Feddermapp

estoig

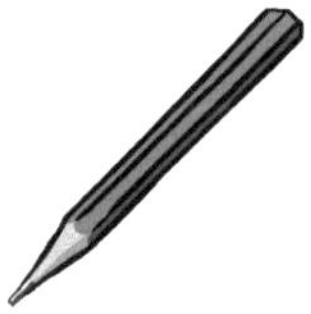

de Bleesticken

llapis

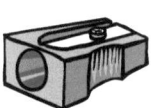

de Scharpmaker

maquineta de fer punta

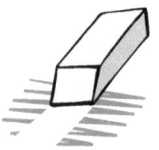

dat Radeergummi

goma

de Tekenblock

bloc de dibuix

de Teken

dibuix

de Pinsel

pinzell

de Malkassen

capsa de pintures

de Scheer

tisores

de Klever

cola

dat Heft to'n Öven

quadern d'exercicis

de Huusopgaav

deures

de Tall

nombre

tohooptellen

afegir

aftrecken

sostreure

malnehmen

multiplicar

reken

calcular

de Bookstaav

lletra

dat ABC

alfabet

dat Woort

mot

de Text

text

lesen

llegir

de Kried

guix

de Stunn

lliçó

dat Klassenbook

llibre de classe

de Pröven

examen

dat Tüügnis

certificat

de Schooluniform

uniforme escolar

de Utbillen

formació

dat Nakieksel

enciclopèdia

de Universität

universitat

dat Mikroskop

microscopi

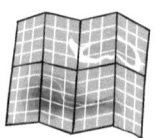

de Koort

mapa

de Papeerkorf

paperera

de Törn
viatge

dat Hotel
hotel
Grand
de Harbarg
alberg
ROOMS
de Wesselstuuv
oficina de canvi
CHANGE
de Kuffer
maleta
dat Auto
automòbil

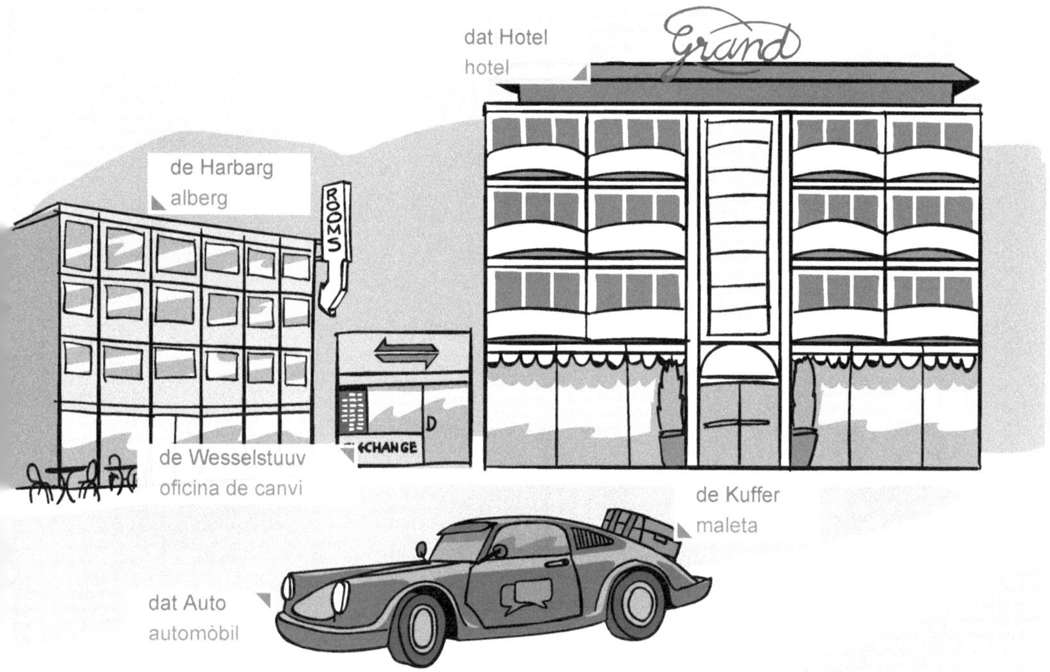

de Spraak

llengua

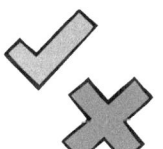

jo / ne

sí / no

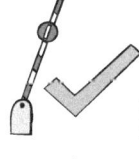

Jo

D'acord

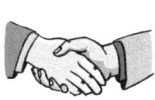

Moin

Ey!

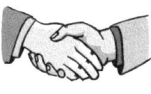

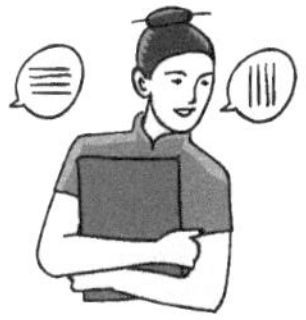

de Översetter

traductora

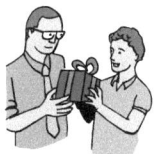

Dank ok

gràcies

Wat kost...?

Quant costa... ?

Ik verstah nich

No entenc

dat Problem

problema

Goden Avend

Bona nit!

Moin!

bon dia!

Gode Nacht!

bona nit!

Tschüüs

fins aviat

de Richt

direcció

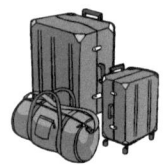

de Bagaasch

bagatge

de Tasch

bossa

de Rüchsack

sarrona

de Gast

convidat

de Stuuv

cambra

de Slaapsack

sac de dormir

dat Telt

tenda

de Touristeninformatschoon

oficina de turisme

de Strand

platja

de Kreditkoort

carta de crèdit

dat Fröhstück

esmorzar

dat Meddageten

dinar

dat Avendeten

sopar

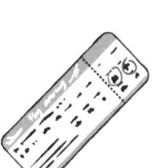

de Fohrkort

bitllet

de Fohrstohl

ascensor

de Breefmark

segell

de Grenz

frontera

de Toll

duana

de Bottschop

ambaixada

dat Visum

visat

de Pass

passaport

de Transport

transport

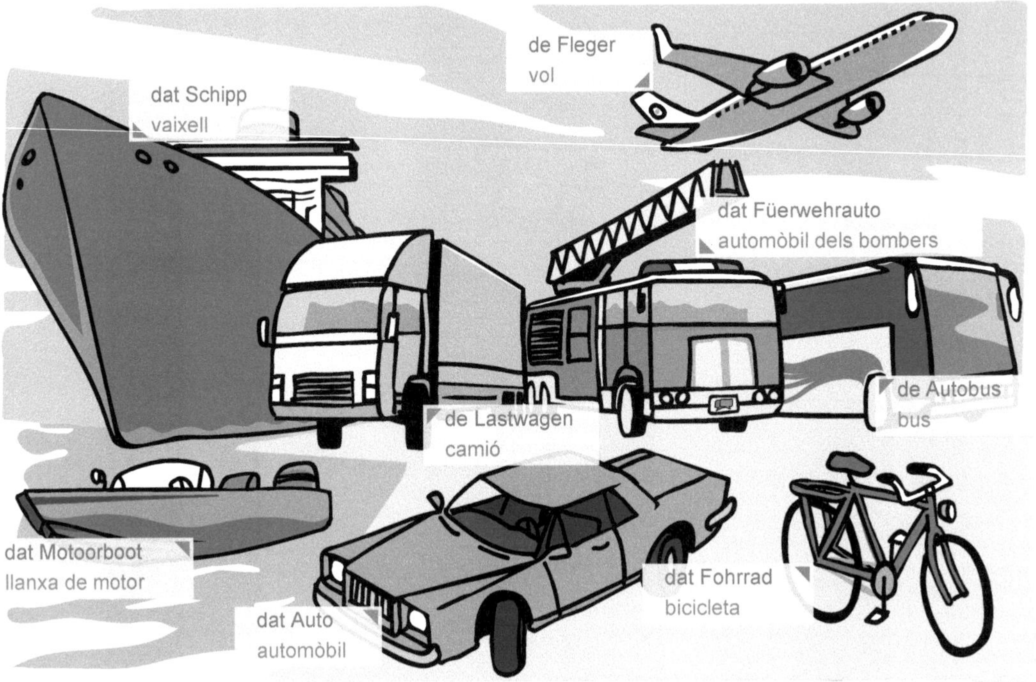

de Fleger
vol
dat Schipp
vaixell
dat Füerwehrauto
automòbil dels bombers
de Autobus
bus
de Lastwagen
camió
dat Motoorboot
llanxa de motor
dat Fohrrad
bicicleta
dat Auto
automòbil

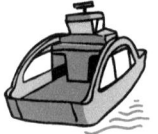

de Fähr

transbordador

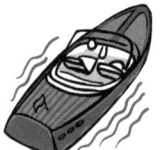

dat Boot

barca

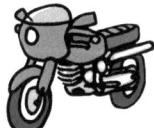

dat Motoorrad

moto

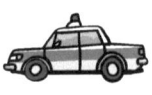

dat Polizeiauto

automòbil de policia

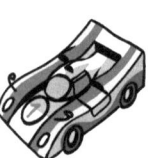

dat Rönnauto

automòbil de curses

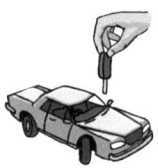

de Lehnwagen

automòbil de lloguer

dat Carsharing

vehicle compartit

de Afsleepwagen

grua

dat Müllauto

camió de les escombraries

de Motoor

motor

de Kraftstoff

benzina

de Tanksteed

benzineria

dat Verkehrsschild

senyal de trànsit

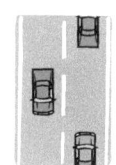

de Verkehr

trànsit

de Stau

embús

de Afstellplatz

aparcament

de Bahnhoff

estació de trens

de Sporen

vies

de Tog

tren

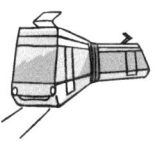

de Stratenbahn

tramvia

de Wagon

vagó

de Dwarsmöhl

helicòpter

de Flooghaven

aeroport

de Tower

torre

de Fohrgast

passatger

de Grootkist

contenidor

de Karton

capsa de cartó

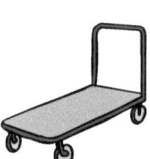

de Koor

carretó

de Korf

cistella

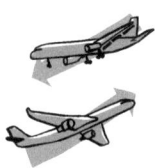

starten / lannen

enlairar-se / aterrar

de Stadt

ciutat

dat Dörp

poble

de Binnenstadt

centre de la ciutat

dat Huus

casa

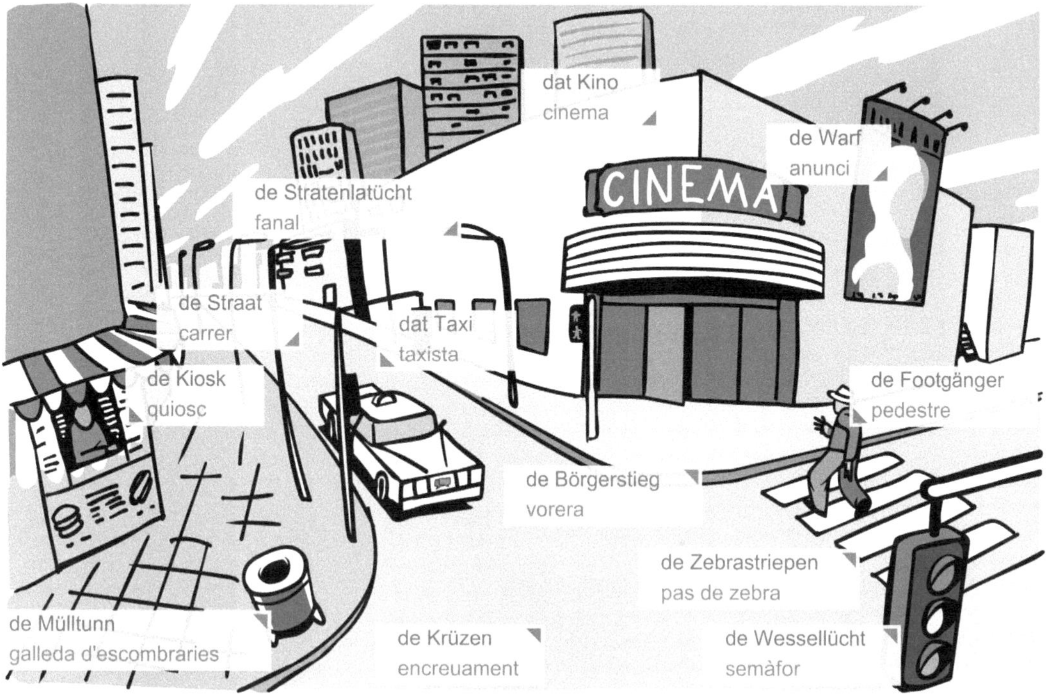

dat Kino
cinema
de Warf
anunci
CINEMA
de Stratenlatücht
fanal
de Straat
carrer
dat Taxi
taxista
de Kiosk
quiosc
de Footgänger
pedestre
de Börgerstieg
vorera
de Zebrastriepen
pas de zebra
de Mülltunn
galleda d'escombraries
de Krüzen
encreuament
de Wessellücht
semàfor

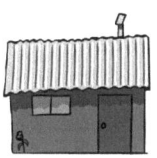

de Hütt

cabana

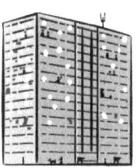

de Wahnung

apartament

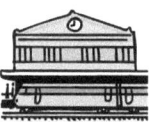

de Bahnhoff

estació de trens

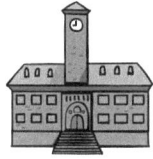

dat Raathuus

casa de la vila-ciutat

MUSEUM
dat Museum

museu

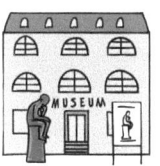

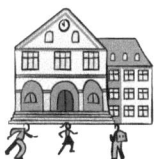

de School

escola

de Universität

universitat

de Bank

banca

dat Krankenhuus

hospital

dat Hotel

hotel

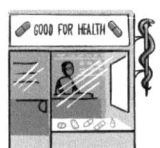

de Afteek

farmàcia

dat Büro

oficina

de Bookhökerie

llibreria

de Hökerie

botiga

de Blomenhökerie

floristeria

de Supermarkt

supermercat

de Markt

mercat

dat Koophuus

gran magatzem

de Fischhökerie

peixateria

dat Inkoopszentrum

centre comercial

de Haven

port

de Parkanlaag

parc

de Bank

banc

de Brüch

pont

de Trepp

escala

de Ünnergrundbahn

metro

de Tunnel

túnel

de Busstoppsteed

parada d'autobús

de Bar

bar

dat Spieslokal

restaurant

de Breefkassen

bústia de correu

dat Stratenschild

senyal indicador

de Parkklock

parquimetre

de Deertenpark

zoo

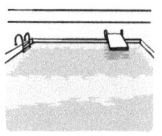

de Baadanstalt

piscina

de Moschee

mesquita

de Buernhoff

granja

de Ümweltversmudden

pol·lució

de Karkhoff

cementiri

de Kark

església

de Speelplatz

parc infantil

de Tempel

temple

de Landschop

paisatge

dat Blatt
fulla

de Wiespahl
cartell indicador

de Weg
camí

de Wisch
prat

de Steen
pedra

de Boom
arbre

de Wannerer
excursionista

de Fluss
riu

dat Gras
gespa

de Bloom
flor

dat Daal

vall

de Barg

muntanya

de See

llac

dat Holt

bosc

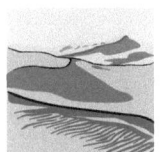

de Wööst

desert

de Füerspien Barg

volcà

dat Slott

castell

de Regenbagen

arc de Sant Marti

de Poggenstohl

bolet

de Palm

palmera

de Steekmück

moscard

de Fleeg

mosca

de Miegeemk

formiga

de Imm

abella

de Spinn

aranya

de Sebber

escarabat

de Pogg

granota

de Katteker

esquirol

de Swienegel

eriçó

de Haas

llebre

de Uul

òliba

de Vagel

ocell

de Swaan

cigne

dat Wildswien

senglar

de Hirsch

cervo

de Elk

ant

de Staudamm

presa

dat Windrad

turbina

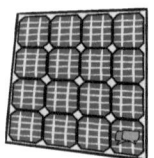

dat Solarmodul

panell solar

dat Klima

clima

dat Spieslokal
restaurant

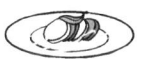

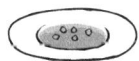

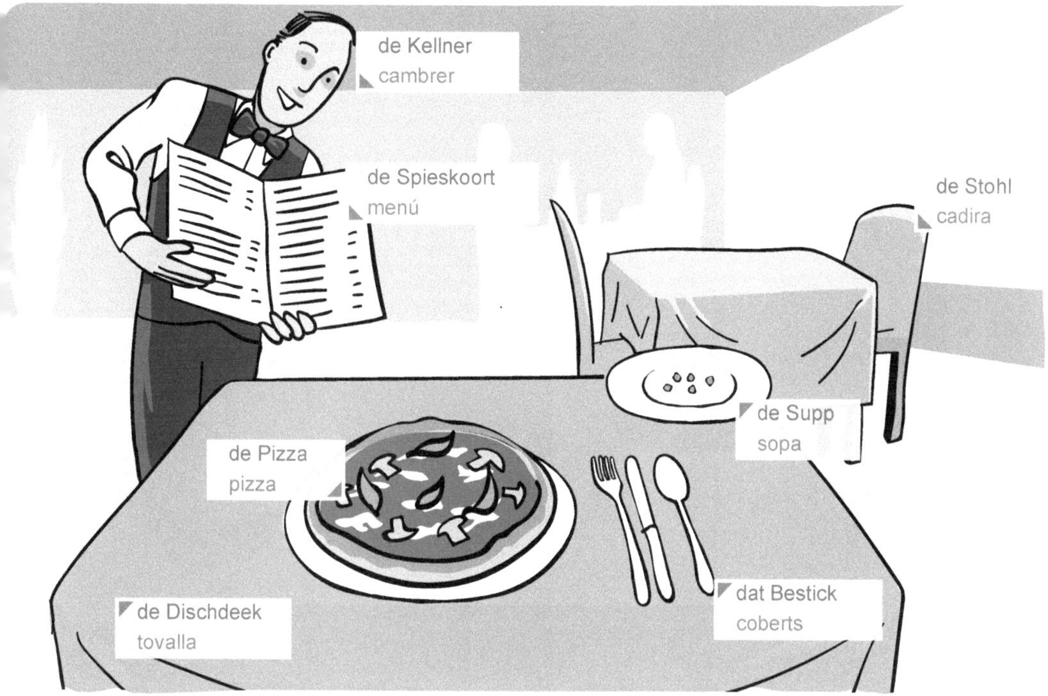

de Kellner
cambrer
de Spieskoort
menú
de Stohl
cadira
de Supp
sopa
de Pizza
pizza
dat Bestick
coberts
de Dischdeek
tovalla

de Vörspies

primer plat

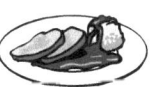

dat Haupteten

plat principal

de Nadisch

darreries

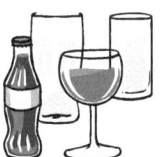

de Drünk

begudes

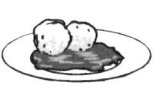

dat Eten

menjar

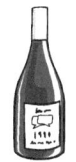

de Buddel

ampolla

dat Fastfood

menjar ràpid

dat Strateneten

menjar de carrer

de Teekann

tetera

de Zuckerdoos

sucrer

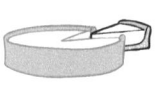

de Portschoon

porció

de Espressomaschien

màquina d'espresso

de Hoochstohl

trona

de Reken

factura

dat Tablett

plata

dat Mess

ganivet

de Gavel

forqueta

de Lepel

cullera

de Teelepel

cullereta

dat Munddook

tovalló

dat Glas

got

dat Spieslokal - restaurant

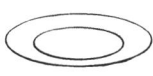

de Töller

plat

de Suppentöller

plat de sopa

de Ünnertass

plateret

de Sooß

salsa

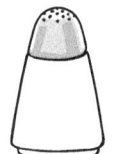

de Soltstreuer

saler

de Pepermöhl

molinet de pebre

de Etig

vinagre

dat Ööl

oli

de Krüder

espècies

de Ketchup

quètxup

de Mostrich

mostassa

de Mayonnaise

maionesa

de Supermarkt
supermercat

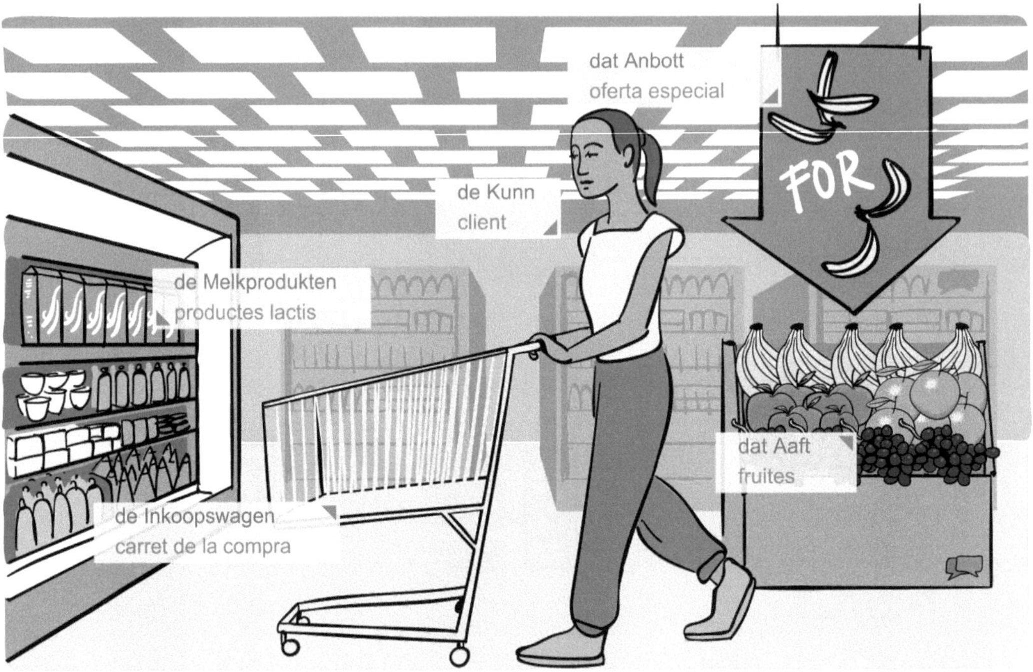

dat Anbott
oferta especial
FOR
de Kunn
client
de Melkprodukten
productes lactis
dat Aaft
fruites
de Inkoopswagen
carret de la compra

BUTCHERS

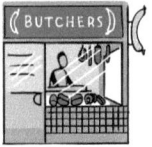

de Slachterie

carnisseria

BAKERY

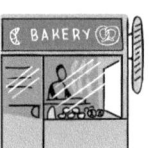

de Bäckerie

forn de pa

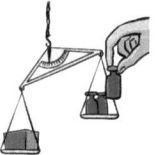

wegen

pesar

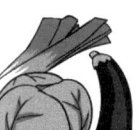

de Gröönsaken

verdures

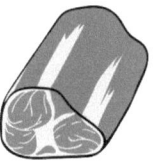

dat Fleesch

carn

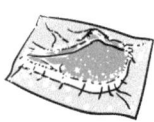

de Deepköhlkost

menjar congelat

de Opsnitt

carn freda

de Konserven

conserves

de Waschmiddel

detergent en pols

de Snoopkraam

dolços

de Huushooltssaken

articles domèstics

de Reinmaaktüüch

productes de neteja

de Verköpersche

venedora

de Kass

caixa registradora

de Kasserer

caixera

de Inkoopslist

llista de la compra

de Opsparrtieden

horari d'obertura

de Breeftasch

portamonedes

de Kreditkoort

carta de crèdit

de Tasch

bossa

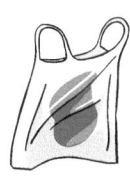

de Plastiktüüt

bossa de plàstic

dat Water

aigua

de Saft

suc

de Melk

llet

de Cola

coca-cola

de Wien

vi

dat Beer

cervesa

de Spriet

alcohol

de Kakao

cacau

de Tee

te

de Koffie

cafè

de Espresso

espresso

de Cappucino

cappuccino

de Banaan

banana

de Appel

poma

de Appelsien

taronja

de Meloon

sindria

de Zitroon

llimona

de Wöttel

pastanaga

de Knuuvlook

all

de Bambus

bambú

de Zibbel

ceba

de Poggenstohl

bolet

de Nööt

avellanes

de Nudeln

fideus

de Spaghetti

espaguetis

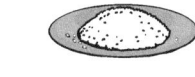

de Ries

arròs

de Salat

amanida

de Pommes frites

patates fregides

de Braadkantüffeln

patates fregides

de Pizza

pizza

de Hamborger

hamburguesa

dat Sandwich

entrepà

dat Snitzel

escalopa

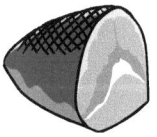

de Schinken

cuixot

de Salami

salami

de Wust

salsitxa

dat Hohn

pollastre

de Braden

rostit

de Fisch

peix

de Haverflocken

flocs de civada

dat Müsli

musli

de Cornflakes

cereals

dat Mehl

farina

de Croissant

croissant

dat Rundstück

panet

dat Broot

pa

dat Toast

torrada

de Keksen

bescuits

de Botter

mantega

de Quark

mató

de Koken

pastís

dat Ei

ou

dat Spegelei

ou fregit

de Kees

formatge

de Ies

gelat

de Zucker

sucre

de Honnig

mel

de Marmelaad

melmelada

de Nougat-Creme

crema de xocolata

dat Curry

curri

de Buernhoff
granja

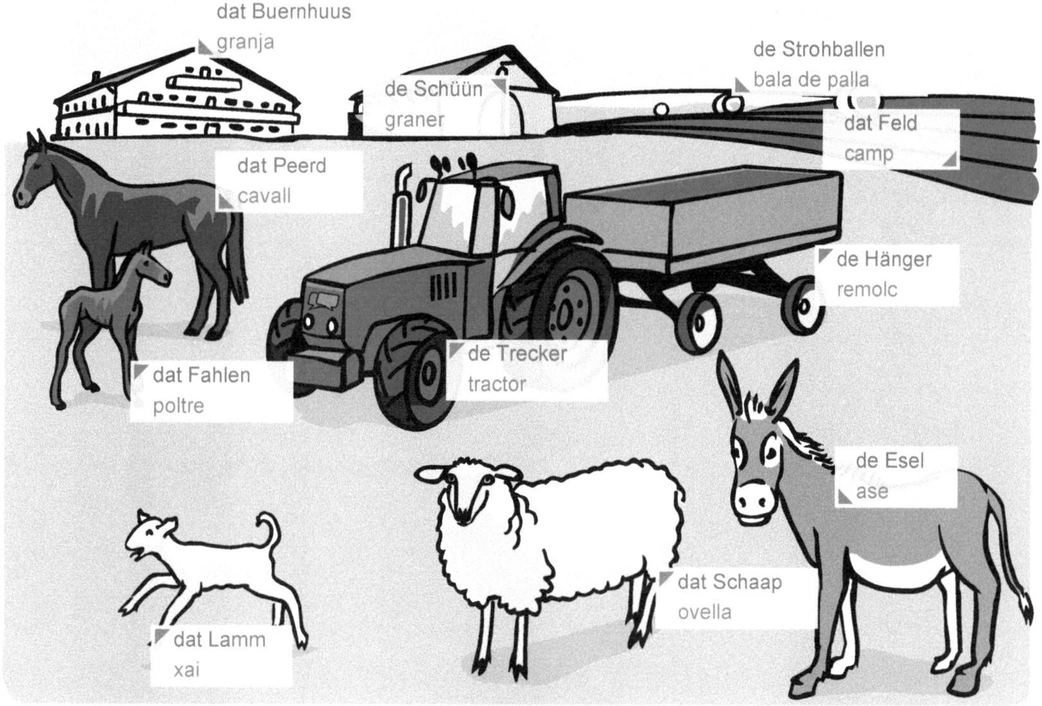
dat Buernhuus
granja
de Strohballen
bala de palla
de Schüün
graner
dat Feld
camp
dat Peerd
cavall
de Hänger
remolc
de Trecker
tractor
dat Fahlen
poltre
de Esel
ase
dat Schaap
ovella
dat Lamm
xai

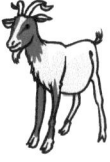

de Zeeg

cabra

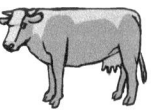

de Koh

vaca

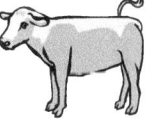

dat Kalf

vedella

dat Swien

porc

dat Farken

garrí

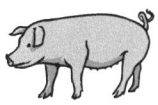

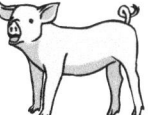

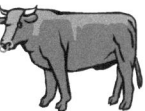

de Bull

bou

de Goos
oca

de Aant
ànec

dat Küken
poll

dat Hohn
gall

de Hahn
gallina

de Rott
rata

de Katt
gat

de Muus
ratolí

de Oss
bou

de Hund
gos

de Hunnenhütt
gossera

de Goornslauch
mànega de regar

de Geetkann
regadora

de Lee
dalla

de Ploog
arada

de Sich

falç

de Hack

aixada

de Mestfork

forca

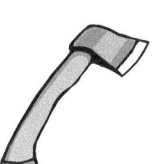

de Ext

destral

de Schuufkoor

carretó

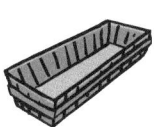

de Trog

abeurador

de Melkkann

lletera

de Sack

sac

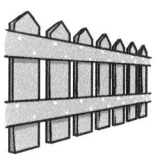

de Tuun

tanca

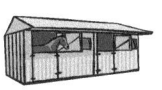

de Stall

establa

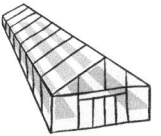

dat Drievhuus

hivernacle

de Bodden

sòl

de Saat

llavor

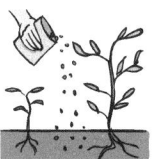

de Dünger

adob

de Meihdöscher

collidora

de Buernhoff - granja

oornen

collir

de Oorn

collita

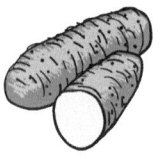

de Yamswöttel

nyam

de Weten

blat

dat Soja

soja

de Kantüffel

patata

de Törksche Weten

blat de moro o d'indi

de Rapp

colza

de Aaftboom

arbre fruiter

de Troopsch Kantüffel

mandioca

dat Koorn

cereals

dat Huus
casa

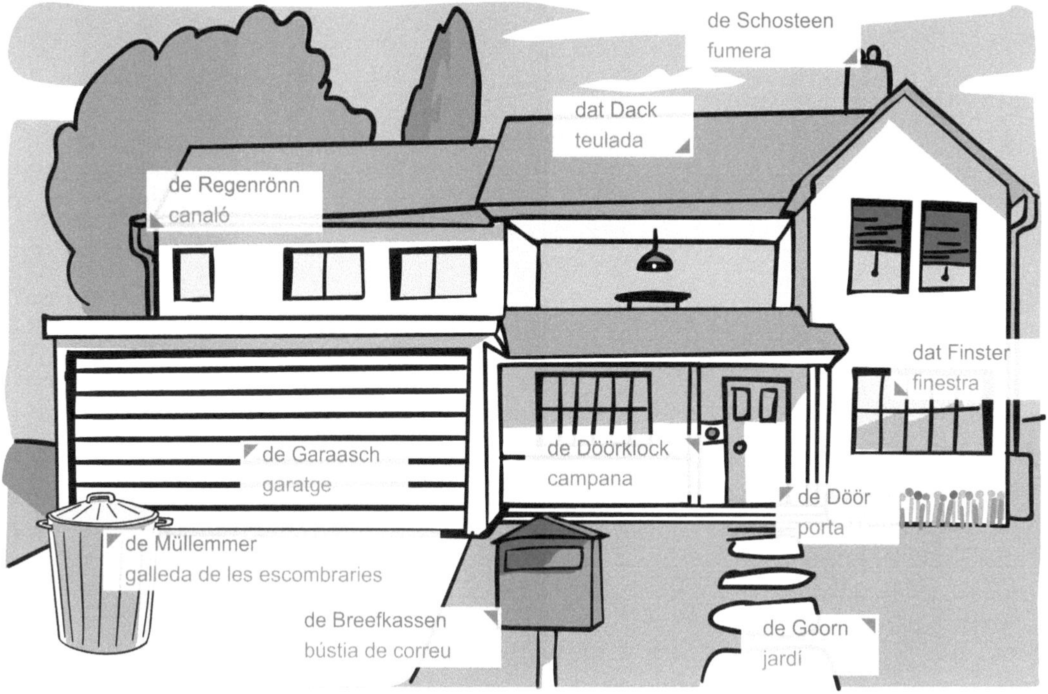
de Schosteen
fumera
dat Dack
teulada
de Regenrönn
canaló
dat Finster
finestra
de Garaasch
garatge
de Döörklock
campana
de Döör
porta
de Müllemmer
galleda de les escombraries
de Breefkassen
bústia de correu
de Goorn
jardí

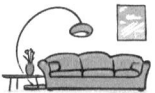

de Wahnstuuv

sala d'estar

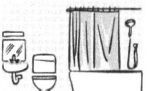

de Baadstuuv

bany

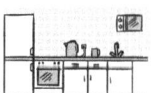

de Köök

cuina

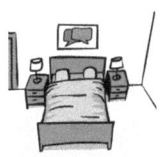

de Slaapstuuv

cambra de dormir

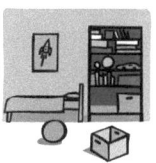

de Kinnerstuuv

cambra de nen

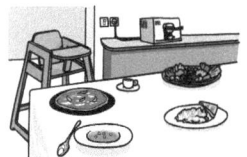

de Eetstuuv

menjador

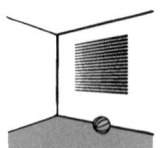

de Footbodden

sòl

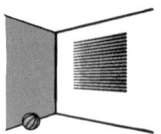

de Wand

paret

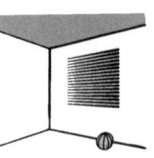

de Deek

sostre

de Keller

soterrani

dat Hittluftbad

sauna

de Balkon

balcó

de Terrass

terrassa

dat Swümmbad

piscina

de Rasenmeiher

tallagespa

de Bettbetog

vànova

de Bettdeek

cobrellit

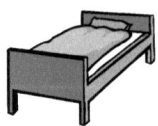

de Puuch

llit

de Bessen

escombra

de Emmer

galleda

de Schalter

interruptor

de Wahnstuuv
sala d'estar

de Tapeet
paper de paret
dat Bild
quadre
de Lamp
làmpada
dat Regal
prestatge
dat Schapp
armari
de Kiekkassen
televisor
de Kamin
escalfapanxes
de Bloom
flor
dat Küssen
coixí
dat Sofa
sofà
de Vaas
gerro
de Feernbedenen
telecomanda

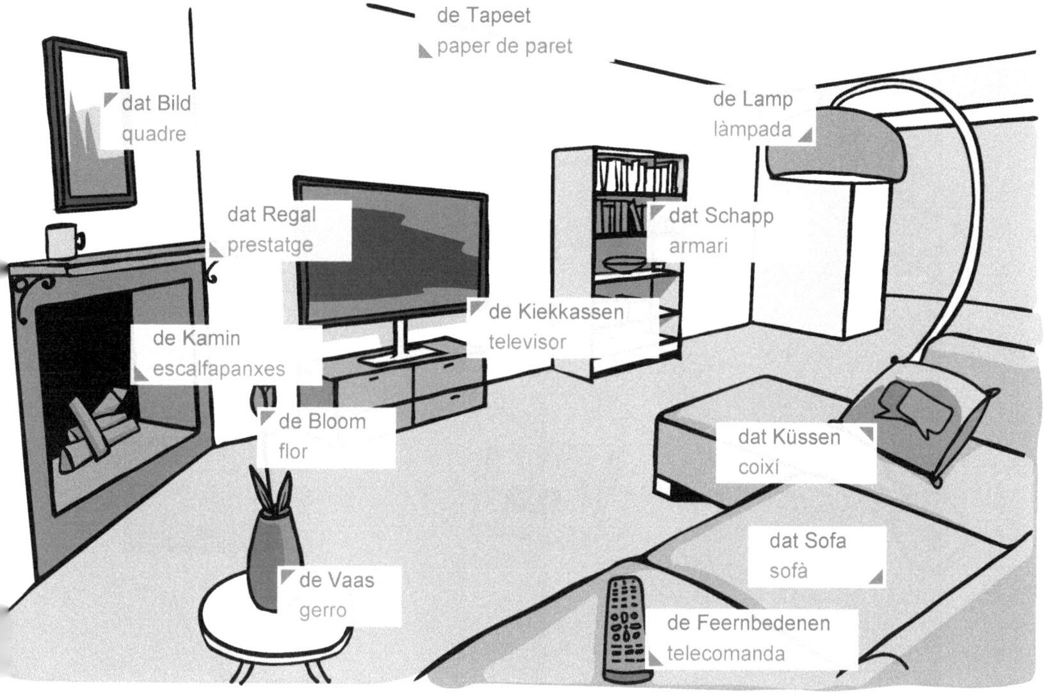

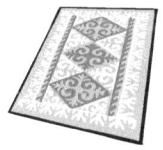

de Teppich

catifa

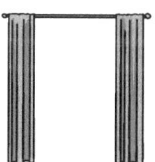

de Vörhang

cortina

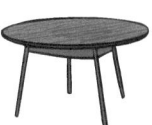

de Disch

taula

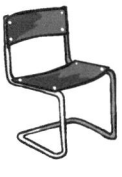

de Stohl

cadira

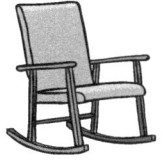

de Schuckelstohl

cadira gronxadora

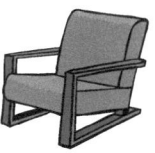

de Sessel

cadiral

dat Book

llibre

de Deek

llençol

de Dekoratschoon

decoració

dat Füerholt

llenya

de Film

film

de Stereoanlaag

cadena de música

de Slötel

clau

dat Narichtenblatt

diari

dat Gemälde

pintura

dat Poster

cartell

dat Radio

ràdio

de Opschrievblock

bloc de notes

de Huulbessen

aspiradora

de Kaktus

cactus

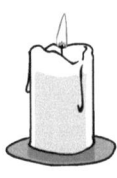

de Kars

candela

de Köök
cuina

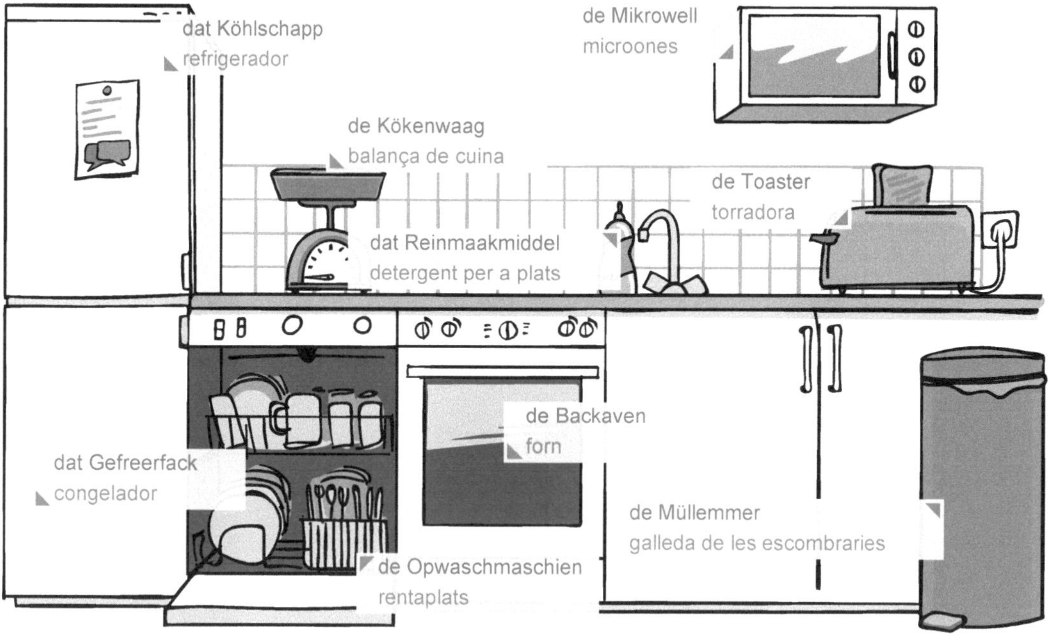
dat Köhlschapp
refrigerador
de Mikrowell
microones
de Kökenwaag
balança de cuina
de Toaster
torradora
dat Reinmaakmiddel
detergent per a plats
de Backaven
forn
dat Gefreerfack
congelador
de Müllemmer
galleda de les escombraries
de Opwaschmaschien
rentaplats

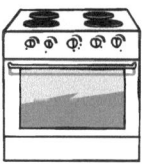

de Heerd

cuina de fogons

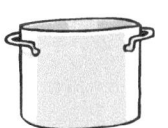

de Pott

olla

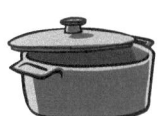

de Gussiesern Putt

olla de ferro colat

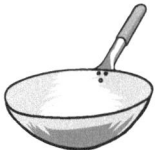

de Wok / Kadai

wok / karahi

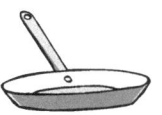

de Pann

paella

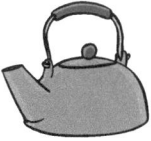

de Waterkaker

bullidor

de Dampkaakputt

olla de vapor

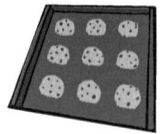

dat Backblick

plata de forn

dat Geschirr

vaixella

de Beker

tassa grossa

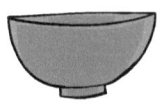

de Schaal

bol

de Eetsticken

bastonets xinesos

de Suppenkell

culler

de Pannenwenner

espàtula

de Sneebessen

batedor

dat Kaakseef

colador

dat Seef

sedàs

de Riev

ratllador

de Mörser

morter

de Grill

barbacoa

de Füerstell

foc a terra

dat Sniedbrett

taula de tallar

dat Nudelholt

corró

de Proppentrecker

llevataps

de Doos

pot de conserva

de Dosenaapner

obridor

de Pottlappen

agafador

dat Waschbecken

aigüera

de Böst

raspall

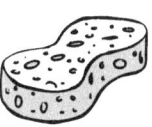

de Swamm

esponja

de Mixer

batedora

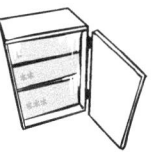

dat Iesschapp

congelador

de Nuckelbuddel

biberó

de Waterhahn

aixeta

de Baadstuuv

bany

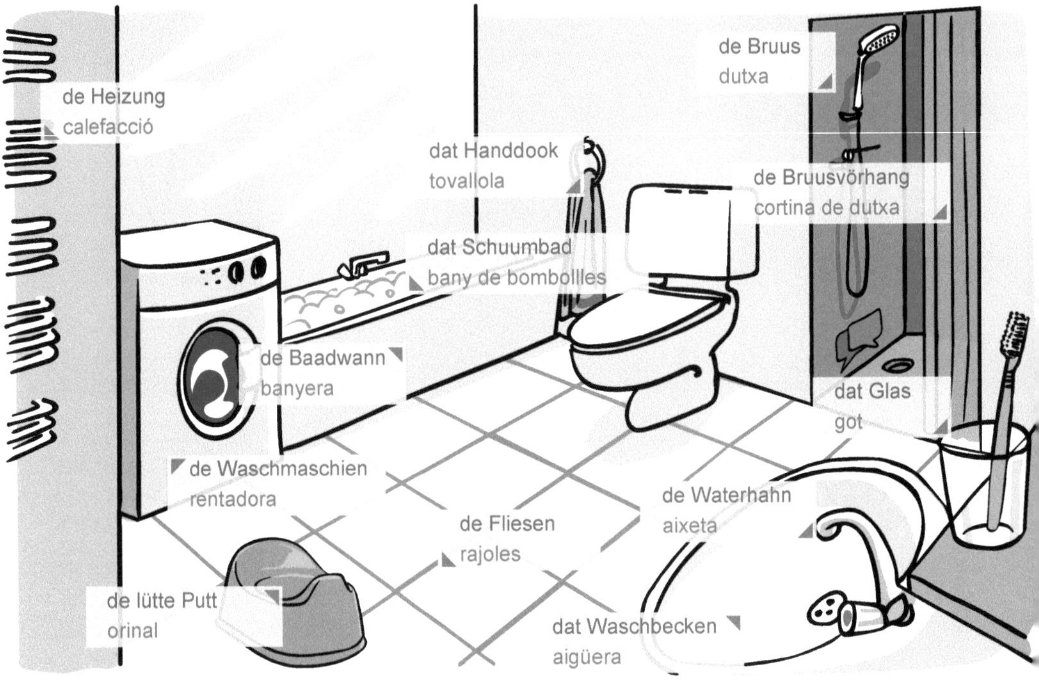

de Bruus
dutxa
de Heizung
calefacció
dat Handdook
tovallola
de Bruusvörhang
cortina de dutxa
dat Schuumbad
bany de bombollles
de Baadwann
banyera
dat Glas
got
de Waschmaschien
rentadora
de Waterhahn
aixeta
de Fliesen
rajoles
de lütte Putt
orinal
dat Waschbecken
aigüera

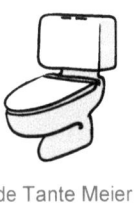

de Tante Meier
lavabo

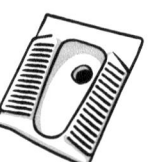

de Hockklo
lavabo turc

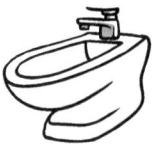

dat Bidet
bidet

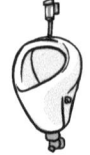

dat Miegbecken
orinador

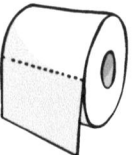

dat Klopapeer
paper higiènic

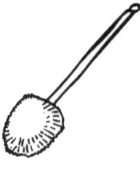

de Kloböst
escombreta de sanitari

de Tähnböst

raspall de dents

de Tähnpast

pasta de dents

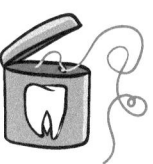

de Tähnsied

fil dental

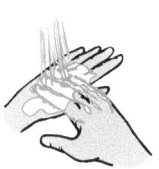

waschen

rentar

de Handbruus

pom de dutxa

de Intimbruus

dutxa íntima

de Waschschöttel

rentamans

de Rüchböst

raspall per a l'esquena

de Seep

sabó

dat Bruusgeel

gel de dutxa

dat Hoorwaschmiddel

xampú

de Waschlappen

manyopla de bany

de Afloop

bonera

de Creme

crema

dat Deodorant

desodorant

de Spegel

mirall

de Kosmetikspegel

mirall-espill de mà

de Raserer

maquineta de rasar

de Raseerschuum

espuma de barbejar

dat Raseerwater

loció post-rasada

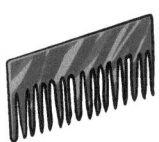

de Kamm

pinta

de Böst

raspall

de Hoordröger

eixugador

dat Hoorspray

laca

de Smink

maquillatge

de Lippensticken

pintallavis

de Nagellack

esmalt d'ungles

de Watt

cotó

de Nagelscheer

tallaungles

dat Rüükwater

perfum

de Kulturbüdel

estoig de bellesa

de Schemel

tamboret

de Waag

bàscula

de Baadmantel

barnús

de Gummihanschen

guants de goma

de Tampon

compresa higiènica

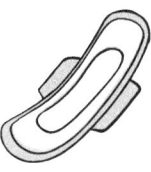

de Damenbinn

compresa

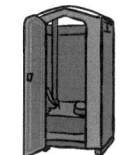

dat Chemieklo

sanitari químic

de Kinnerstuuv

cambra de nen

de Wecker
despertador
dat Knudeldeert
animal de peluix
dat Speeltüüchauto
auto de joguina
de Klöter
sonall
dat Poppenhuus
casa de nines
dat Geschenk
present

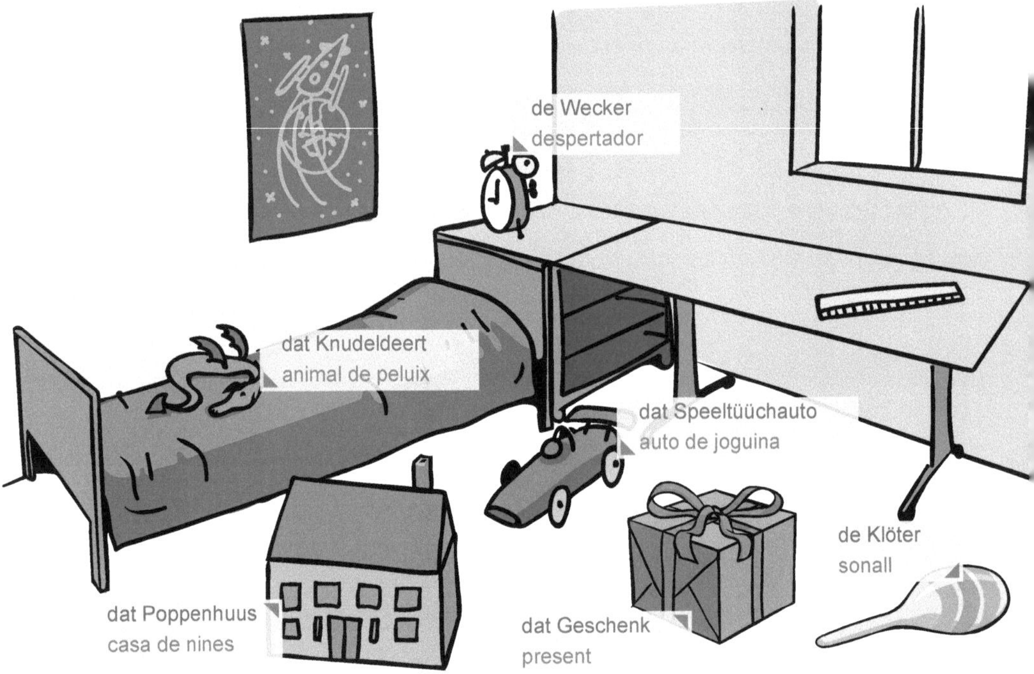

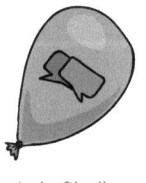

de Luftballon

baló

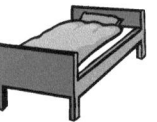

de Puuch

llit

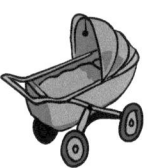

de Kinnerwagen

cotxet per a nens

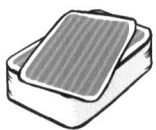

dat Koortenspeel

joc de cartes

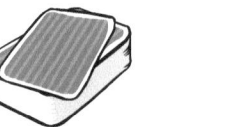

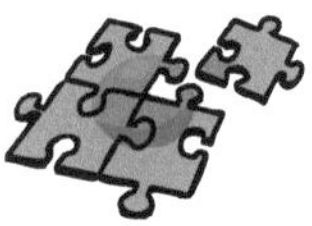

dat Puzzle

trencaclosca

SUPER
MEGA

de Billergeschicht

historieta

de Legostenen

peces de lego

de Bustenen

peces de construcció

de Action-Figur

ninot d'acció

de Strampelantog

granota

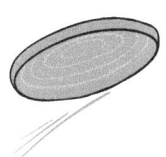

de Frisbeeschiev

frisbee

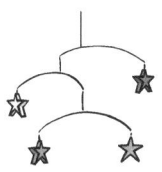

dat Mobile

mòbil per a bressol

dat Brettspeel

joc de taula

de Wörpel

daus

de Modelliesenbahn

tren elèctric

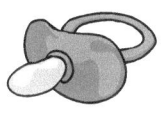

de Snuller

xumet

de Party

festa

dat Billerbook

llibre de dibuixos

de Ball

pilota

de Popp

nina

spelen

jugar

de Sandkassen

sorrera

de Schuckel

gronxador

dat Speeltüüch

joguines

de Speelkonsool

consola de jocs de vídeo

dat Dreerad

tricicle

de Teddyboor

osset de peluix

dat Klederschapp

armari

dat Tüüch

roba

de Socken

mitjons

de Strümp

mitges

de Strumpbüx

mitja pantaló

dat Halsdook
tapacoll

de Liefreem
cintura

de Paraplü
paraigua

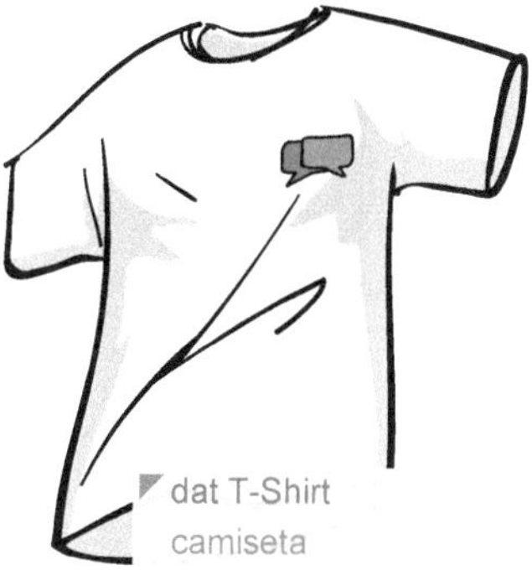

dat T-Shirt
camiseta

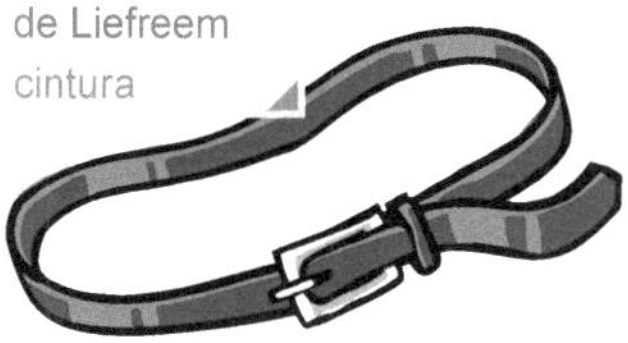

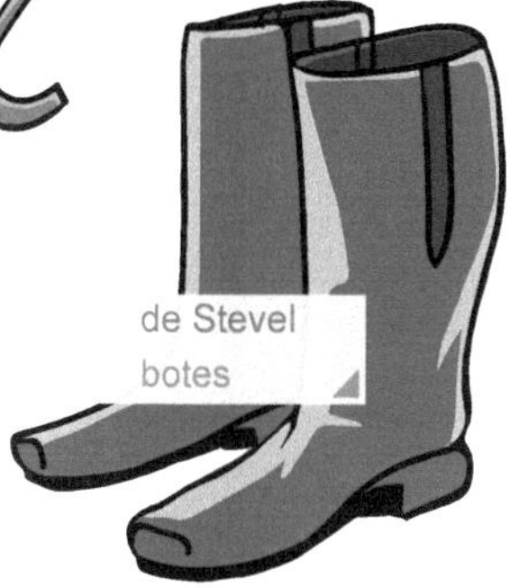

de Stevel
botes

de Turnschoh
sabates d'esport

de Puuschen
plantofes

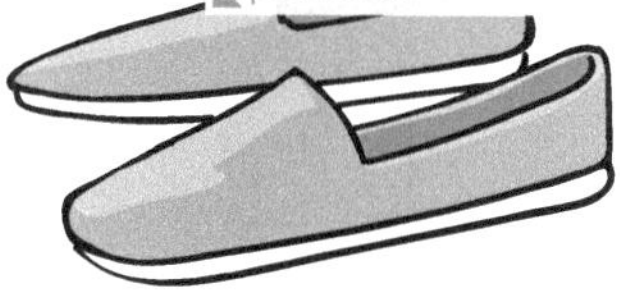

de Sandalen

sandàlies

de Schoh

sabates

de Gummistevel

botes de goma

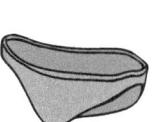

de Ünnerbüx

calçonets

de Bostholler

sostenidor

dat Ünnerhemd

guardapits

de Lief

jjustacòs

de Büx

pantalons

de Jeansnüx

jeans

de Rock

faldeta

de Bluus

brusa

dat Hemd

camisa

de Pullover

jersei

de Kapuzenpullover

dessuadora

de Blazer

blazer

de Jack

jaqueta

de Mantel

mantell

de Övertrecker

impermeable

dat Kostüm

vestit de dona

dat Kleed

vestit de dona

dat Hochtietskleed

vestit de núvia

de Antog

vestit d'home

dat Nachtkleed

camisa de dormir

de Slaapantog

pijama

de Sari

sari

dat Koppdook

mocador de cap

de Turban

turbant

de Burka

burca

de Kaftan

caftan

de Abaya

abaia

de Baadantog

vestit de bany

de Baadbüx

calçon(et)s de bany

de Korte Büx

pantalons curts

de Antog to'n Öven

xandall

de Schört

davantal

de Handschoh

guants

de Knopp

botó

de Brill

ulleres

dat Armband

braçalet

de Halskeed

collaret

de Ring

anell

de Ohrbummel

orellera

de Mütz

casquet

de Klederbögel

penjador

de Hoot

capell

de Binner

corbata

de Rietslüter

cremallera

de Helm

casc

dat Drachtband

elàstics

de Schooluniform

uniforme escolar

de Uniform

uniforme

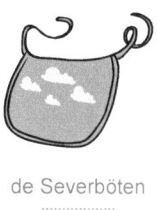

de Severböten

pitet

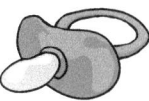

de Snuller

xumet

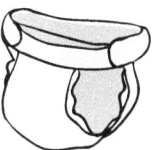

de Winnel

bolquer

dat Büro

oficina

de Server
servidor
dat Aktenschapp
armari arxivador
de Drucker
impressora
dat Papeer
paper
de Bildschirm
monitor
de Muus
ratolí
de Schrievdisch
escriptori
de Orner
arxivador
dat Knoopboord
teclat
de Papeerkorf
paperera
de Computer
ordinador
de Stohl
cadira

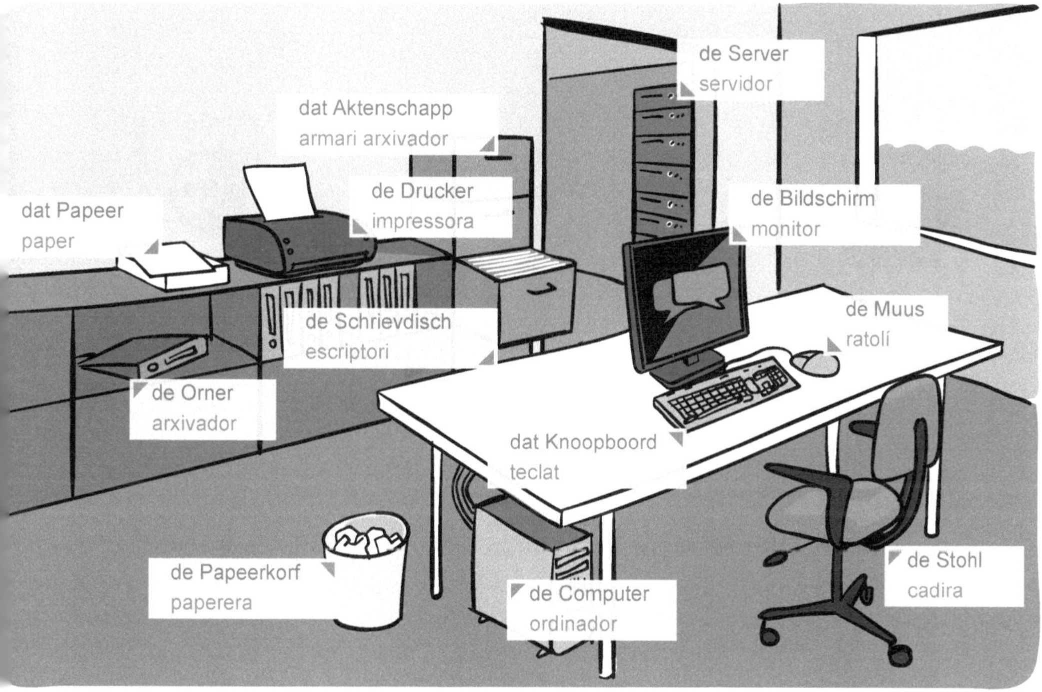

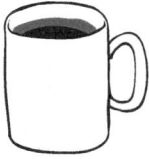

de Koffiebeker

tassa de cafè

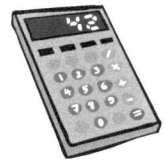

de Taschenreekner

calculadora

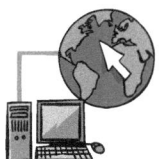

dat Internet

Internet

de Klappreekner

ordinador portàtil

de Breef

lletra

de Naricht

missatge

de Ackersnacker

mòbil

dat Nettwark

xarxa

de Kopeerapparat

fotocopiadora

de Software

programari

de Klöönkassen

telèfon

de Steekdoos

presa de corrent

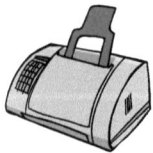

de Faxapparat

fax

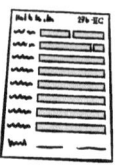

dat Formulor

formulari

dat Dokument

document

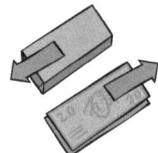

köpen
comprar

betahlen
pagar

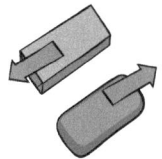

hanneln
comerciar

dat Geld
diners

de Dollar
dòlar

de Euro
euro

de Yen
ien

de Ruvel
ruble

de Swiezer Franken
franc suis

de Renminbi Yuan
renminbi

de Rupie
rupia

de Geldautomat
caixa automàtica

de Wesselstuuv

oficina de canvi

dat Gold

or

dat Sülver

argent

dat Ööl

petroli

de Energie

energia

de Pries

preu

de Verdrag

contracte

de Stüer

impost

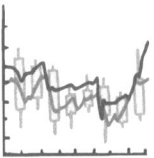

de Andeelschien

acció

arbeiden

treballar

de Anstellte

treballador

de Arbeitgever

empresari

de Fabrik

fàbrica

de Hökerie

botiga

de Profeschonen
oficis

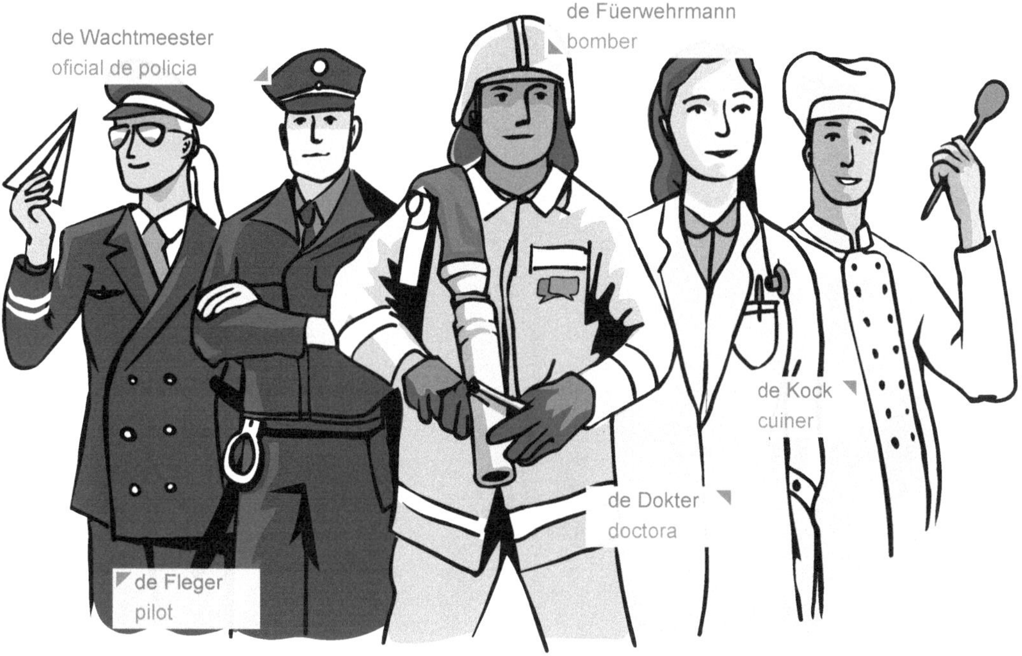
de Wachtmeester
oficial de policia
de Füerwehrmann
bomber
de Kock
cuiner
de Dokter
doctora
de Fleger
pilot

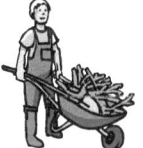

de Goorner

jardiner

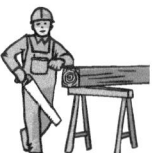

de Discher

fuster

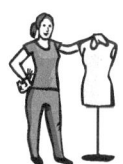

de Neihersche

costurera

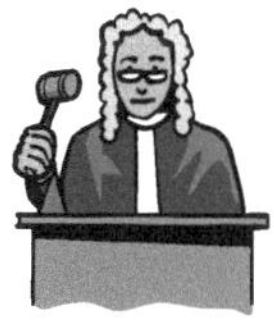

de Richter

jutge

de Chemiker

química

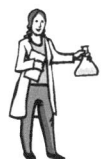

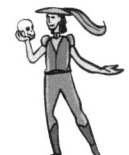

de Schauspeler

actor

de Busfohrer

conductor d'autobús

de Taxifohrer

taxista

de Fischer

pescador

de Reinmaakfru

dona de la neteja

de Dackdecker

ensostrador

de Kellner

cambrer

de Jäger

caçador

de Maler

pintor

de Bäcker

forner

de Elektriker

electricista

de Buarbeider

obrer de la construcció

de Ingenieur

enginyer

de Slachter

carnisser

de Klempner

llanterner

de Postbüdel

correu

de Suldat

soldat

de Architekt

arquitecte

de Kasserer

caixera

de Florist

florista

de Putzbüdel

perruquer

de Schaffner

revisor

de Mechaniker

mecànic

de Kaptein

capità

de Tähndokter

dentista

de Wetenschopler

cientific

de Rabbi

rabi

de Imam

imam

de Mönk

monjo

de Paap

capellà

dat Warktüüch
eines

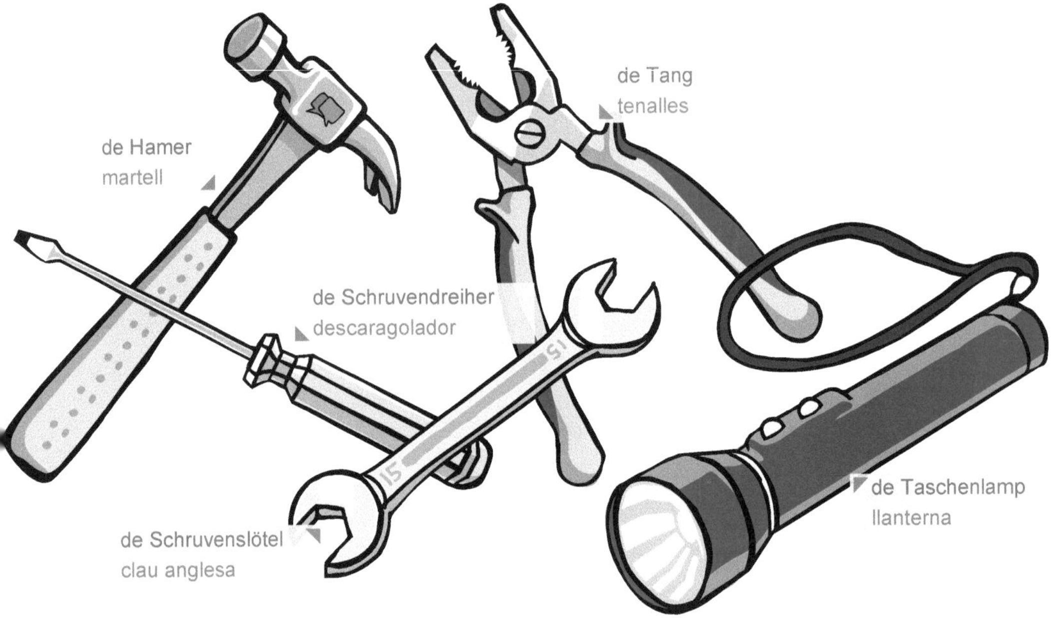
de Tang
tenalles
de Hamer
martell
de Schruvendreiher
descaragolador
de Taschenlamp
llanterna
de Schruvenslötel
clau anglesa

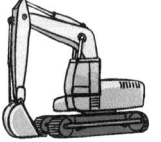

de Grieper

excavadora

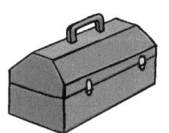

de Warktüüchkassen

caixa d'eines

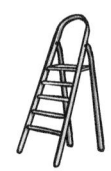

de Ledder

escala

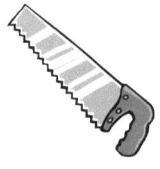

de Saag

serra

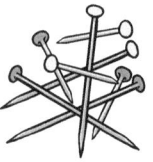

de Nagels

claus

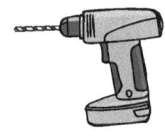

de Bohrer

trepant

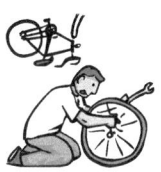

heelmaken

reparar

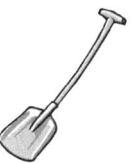

de Schüffel

pala

Schiet!

Maleït siga!

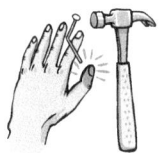

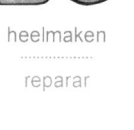

dat Kehrblick

pala

de Farvpott

pot de pintura

de Schruven

caragols

de Musikinstrumenten
instrument de música

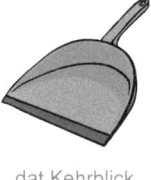

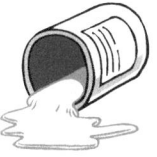

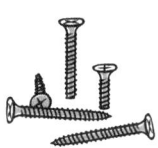

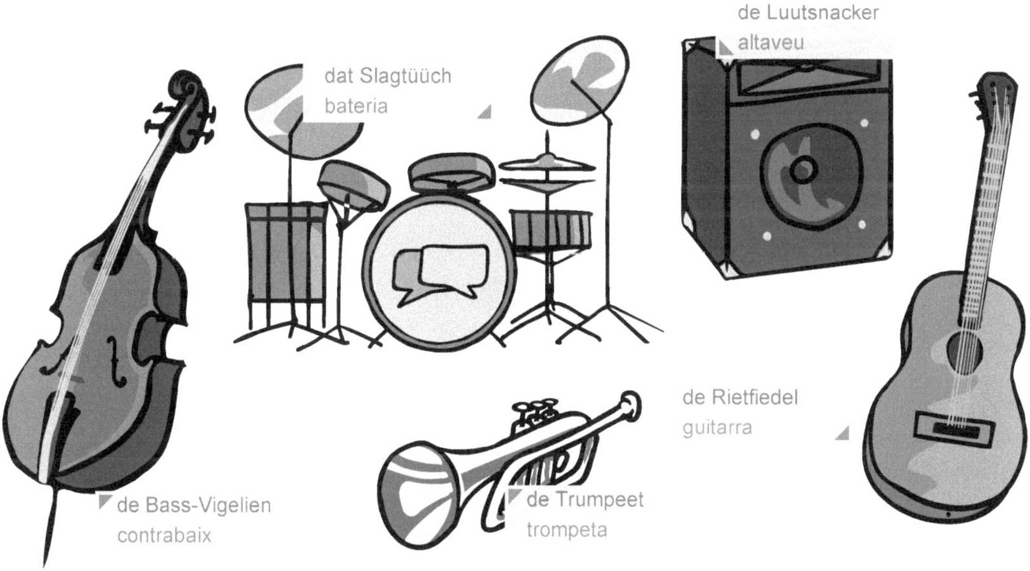
de Luutsnacker
altaveu
dat Slagtüüch
bateria
de Rietfiedel
guitarra
de Bass-Vigelien
contrabaix
de Trumpeet
trompeta

dat Klaveer

piano

de Vigelien

violí

de Bass

baix

de Pauk

timbal

de Trummeln

tambor

dat Keyboard

teclat

dat Saxophon

saxofon

de Fleut

flauta

dat Mikrofoon

micròfon

de Musikinstrumenten - instrument de música

de Deertenpark

zoo

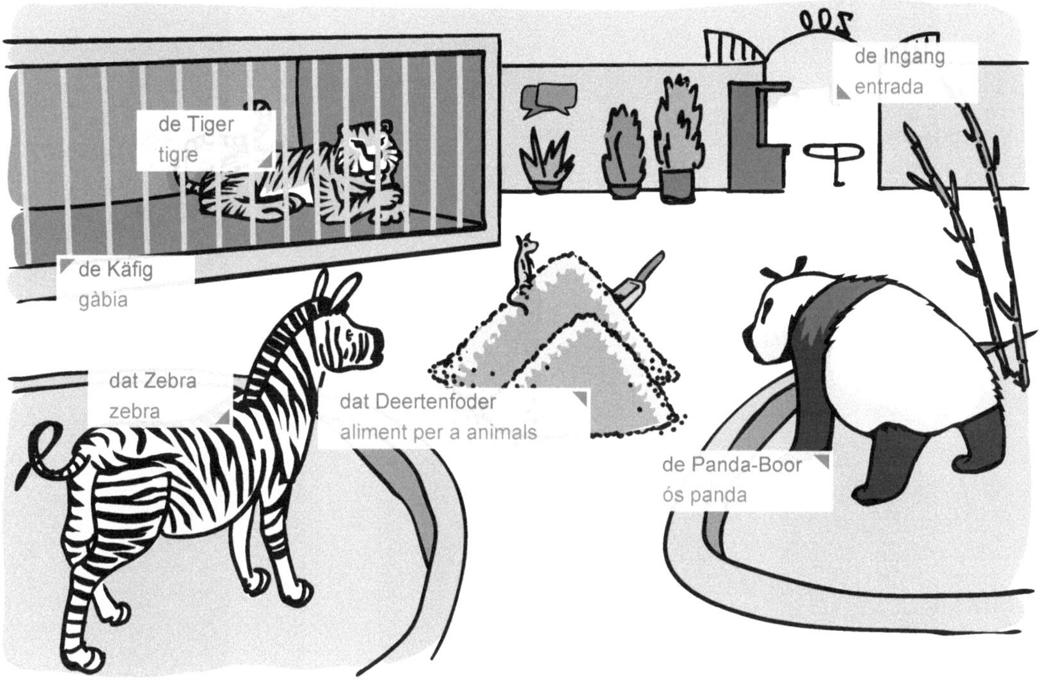

de Tiger
tigre
de Ingang
entrada
de Käfig
gàbia
dat Zebra
zebra
dat Deertenfoder
aliment per a animals
de Panda-Boor
ós panda

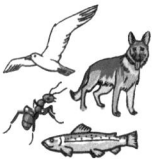

de Deerten
animals

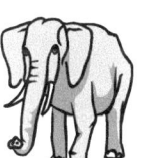

de Elefant
elefant

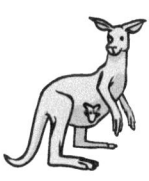

dat Känguru
cangurú

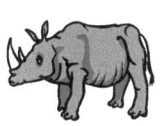

dat Neeshoorn
rinoceront

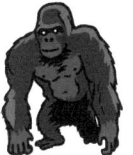

de Gorilla
goril·la

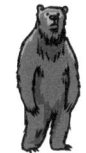

de Boor
ós

dat Kameel

camell

de Struuß

estruç

de Lööv

lleó

de Aap

simi

de Flamingo

flamenc

de Papagoi

papagai

de Iesboor

ós polar

de Pinguin

pingüí

de Haifisch

ca mari

de Pageluun

paó

de Slang

serp

dat Krokodil

cocodril

de Oppasser in'n
Deertenpark

guardià del zoo

de Saalhund

foca

de Jaguor

jaguar

dat Pony

poni

de Leopard

lleopard

dat Nilpeerd

hipopòtam

de Giraff

girafa

de Aadler

àliga

dat Wildswien

senglar

de Fisch

peix

de Schildkrööt

tortuga

dat Walross

morsa

de Voss

guineu

de Gazell

gasela

de Amerikaansch Football
futbol americà

dat Radfohren
ciclisme

dat Tennis
tenis

de Korfball
bàsquet

dat Swümmen
natació

dat Ieshockey
hoquei sobre gel

dat Boxen
boxa

de Football

futbol americà

dat Fedderball

bàdminton

de Leichtathletik

atletisme

de Handball

handbol

dat Skilopen

esquí

dat Polo

polo

springen
saltar

ümarmen
abraçar

lachen
riure

gahn
anar

singen
cantar

drömen
somiar

beden
pregar

snuteln
fer un petó

schrieven

escriure

teken

dibuixar

wiesen

mostrar

drücken

pitjar

geven

donar

nehmen

prendre

hebben

tenir

doon

fer

sien

ésser

stahn

estar dret

lopen

córrer

trecken

estirar

smieten

llançar

fallen

caure

liggen

jeure

töven

esperar

dregen

portar

sitten

asseure's

antrecken

vestir-se

slapen

dormir

opwaken

despertar-se

ankieken

mirar

wenen

plorar

eien

amoixar

kämmen

pentinar

snacken

parlar

verstahn

comprendre

fragen

demanar

hören

escoltar

drinken

beure

eten

menjar

oprümen

endreçar

leefhebben

estimar

kaken

cuinar

fohren

conduir

flegen

volar

segeln

navegar

reken

calcular

lesen

llegir

lehren

aprendre

arbeiden

treballar

de Plünnen tohoopsmieten

casar-se

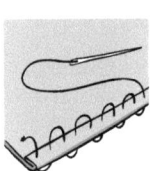

neihen

cosir

Tähnen putzen

raspallar-se les dents

dootmaken

matar

smöken

fumar

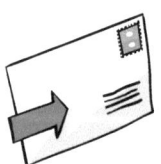

schicken

enviar

de Grootmoder
àvia

de Grootvadder
avi

de Vadder
pare

de Moder
mare

dat Winnelkind
nadó

de Dochter
filla

de Söhn
fill

de Gast

convidat

de Tant

tia

de Unkel

oncle

de Broder

germà

de Süster

germana

de Lief

cos

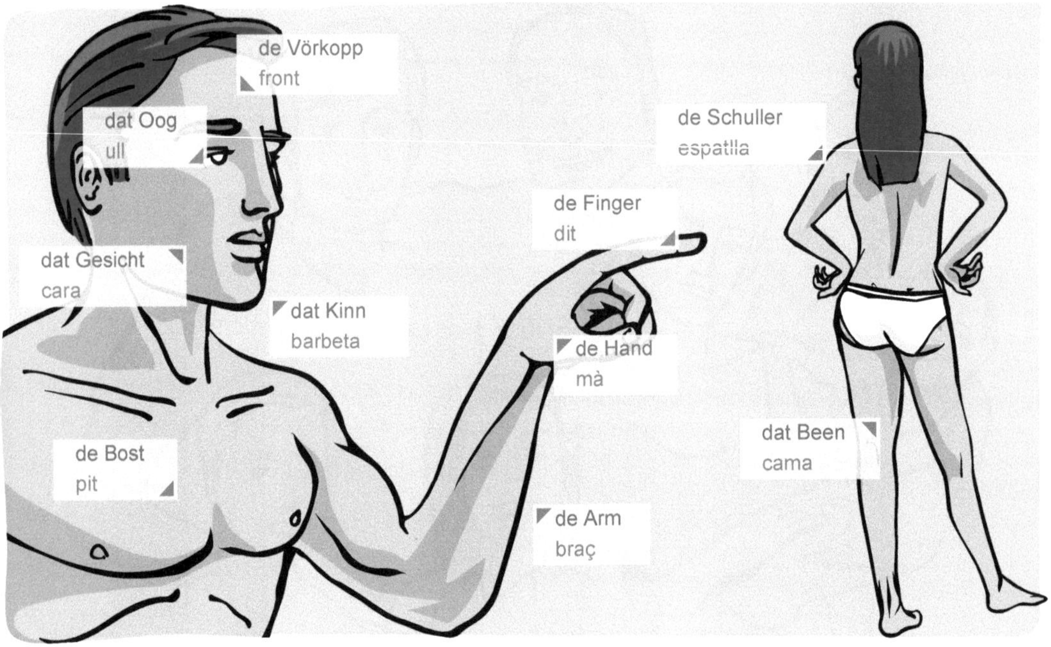

de Vörkopp
front
dat Oog
ull
dat Gesicht
cara
dat Kinn
barbeta
de Bost
pit
de Finger
dit
de Hand
mà
de Arm
braç
de Schuller
espatlla
dat Been
cama

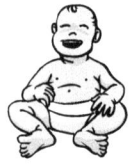

dat Winnelkind

nadó

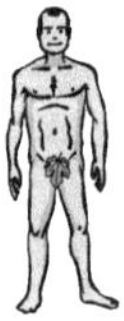

de Mann

home

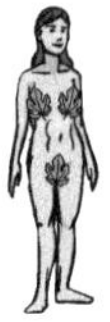

de Fro

dona

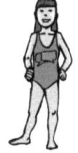

de Deern

noia

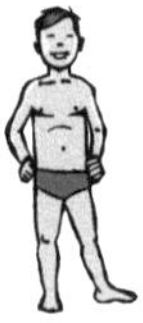

de Jung

noi

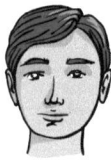

de Arm

cap

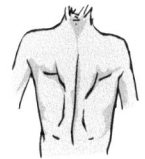

de Rüch

esquena

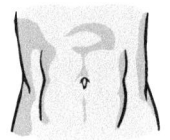

de Buuk

panxa

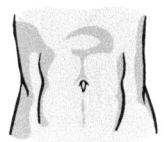

de Navel

melic

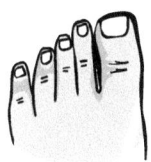

de Teh

dit gros del peu

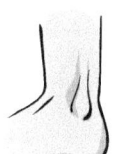

de Hack

taló

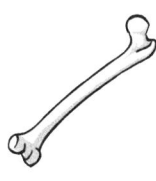

de Knaken

os

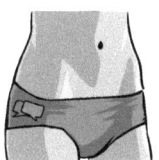

de Hüft

maluc

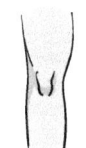

dat Knee

genoll

de Ellbagen

colze

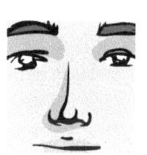

de Nees

nas

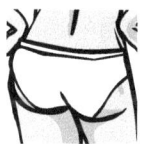

de Achtersen

cul

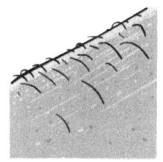

de Huut

pell

de Back

galta

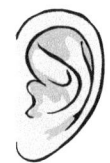

dat Ohr

orella

de Lipp

llavi

de Lief - cos

de Mund

boca

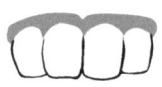

de Tähn

dent

de Tung

llengua

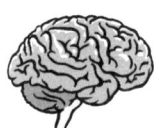

de Bregen

cervell

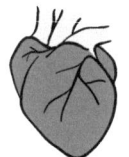

dat Hart

cor

de Muskel

múscul

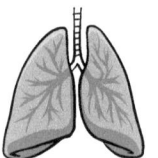

de Lung

pulmó

de Lever

fetge

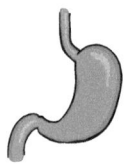

de Maag

estómac

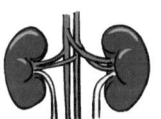

de Neren

ronyó

de Bislaap

relació sexual

dat Kondoom

preservatiu

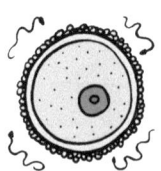

de Eizell

ovari

dat Sperma

semen

de Anner Ümstänn

prenyat

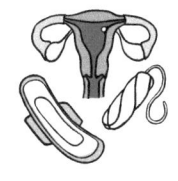

de Menstruatschoon

menstruació

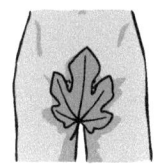

de Scheed

vagina

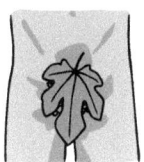

de Pint

penis

de Ogenbroe

cella

dat Hoor

cabells

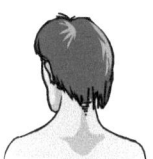

de Hals

coll

dat Krankenhuus
hospital

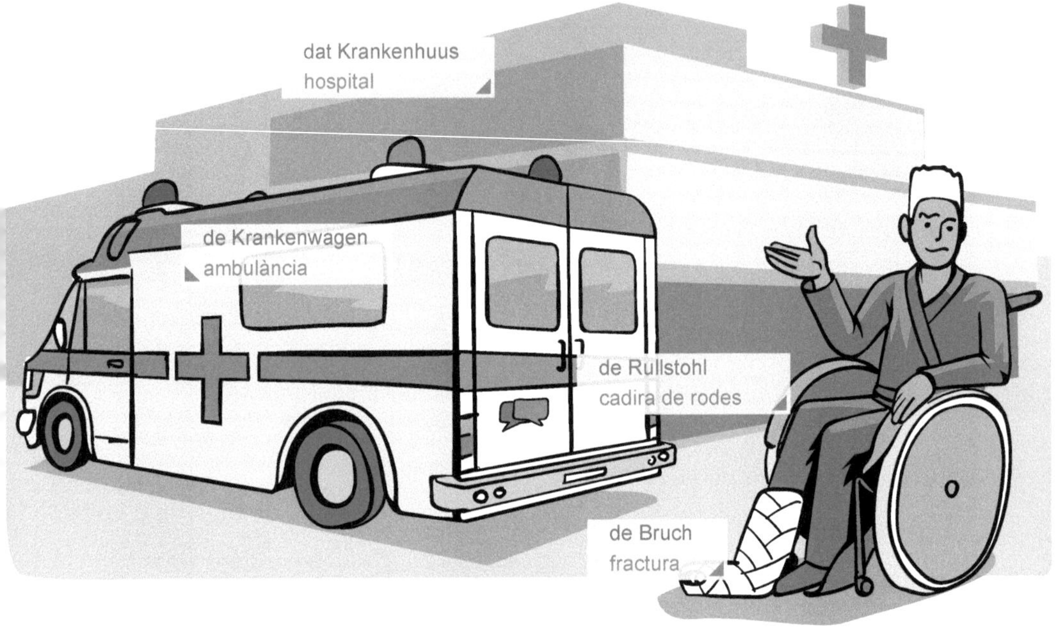

dat Krankenhuus
hospital
de Krankenwagen
ambulància
de Rullstohl
cadira de rodes
de Bruch
fractura

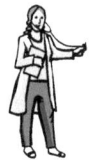

de Dokter

doctora

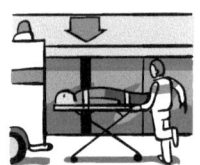

de Nootopnahm

sala d'urgències

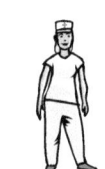

de Krankensüster

infermera

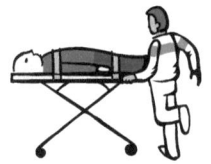

de Nootfall

urgència

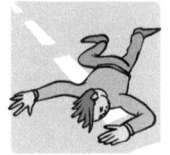

ahnmächtig

inconscient

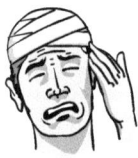

de Wehdaag

dolor

de Verwunnen

ferida

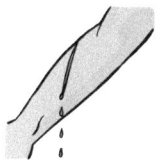

de Blöden

sagnament

de Hartinfarkt

atac de cor

de Slaganfall

apoplexia

de Allergie

al·lèrgia

de Hoosten

tos

dat Fever

febre

de Gripp

gripa

de Dörchfall

diarrea

de Köppwehdaag

mal de cap

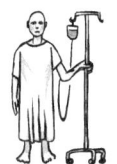

de Kreeft

càncer

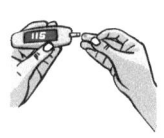

de Zuckersüük

diabetis

de Chirurg

cirurgià

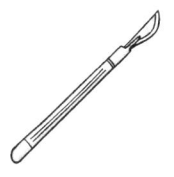

dat Chirurgsch Mess

escalpel

de Operatschoon

operació

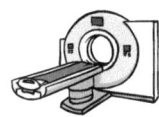

dat CT

tomografia computada (TC),
TAC

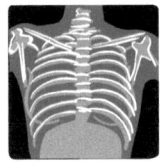

de Dörchlüchten

raigs x

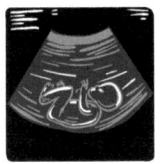

de Ultraschall

ultrasò

de Mask

mascareta

de Krankheit

malaltia

de Töövruum

sala d'espera

de Krück

crossa

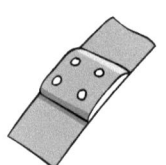

dat Plaaster

tireta

de Verband

embenat

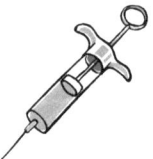

de Insprütten

injecció

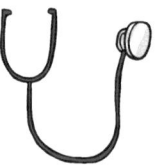

dat Stethoskop

estetoscopi

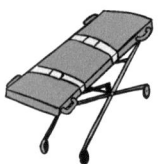

de Draag

llitera

dat Feverthermometer

termòmetre clínic

de Geboort

pariment

dat Övergewicht

sobrepès

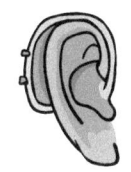

de Höörapparat

aparell auditiu

dat Kiemfriemiddel

desinfectant

de Ansteken

infecció

de Virus

virus

dat HIV / AIDS

VIH / SIDA

dat Heelmiddel

medicina

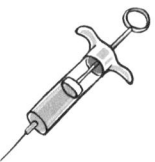

de Impen

vaccí

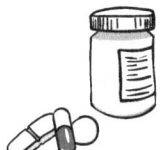

de Tabletten

comprimits

de Pill

pil·lola

de Nootroop

trucada d'urgència

de Blootdruck-Meter

tensiòmetre

krank / gesund

malalt / sà

Hölp!

Socors!

de Alarm

alarma

de Överfall

assalt

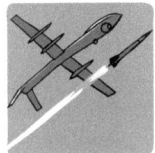

de Angreep

atac

de Gefohr

perill

de Nootutgang

sortida-eixida d'urgència

dat Füer!

Foc!

de Füerlöscher

extintor

de Unfall

accident

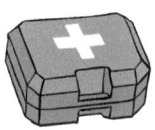

de Noothölpkoffer

farmaciola de primers auxilis

SOS

SOS

de Polizei

policia

Europa

Europa

Noordamerika

Amèrica del Nord

Süüdamerika

Amèrica del Sud

Afrika

Àfrica

Asien

Àsia

Australien

Austràlia

de Atlantik

Atlàntic

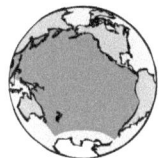

de Pazifik

Pacífic

dat Indisch Weltmeer

Oceà Índic

dat Antarktisch Weltmeer

Oceà Antàrtic

dat Arktisch Weltmeer

Oceà Àrtic

de Noordpol

pol nord

de Süüdpol

pol sud

de Antarktis

Antàrtida

de Eerd

terra

dat Land

país

de See

mar

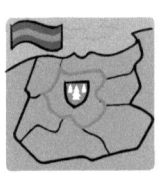

dat Eiland

illa

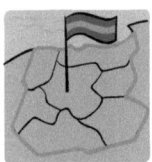

de Natschoon

nació

de Staat

estat

dat Tallenblatt

quadrant

de Stunnenwieser

agulla de les hores

de Minutenwieser

agulla dels minuts

de Sekunnenwieser

agulla dels segons

Wo laat is dat?

Quina hora és?

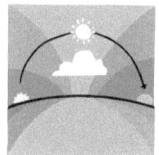

de Dag

dia

de Tiet

temps

nu

ara

de digetaalsch Klock

rellotge digital

de Minuut

minut

de Stunn

hora

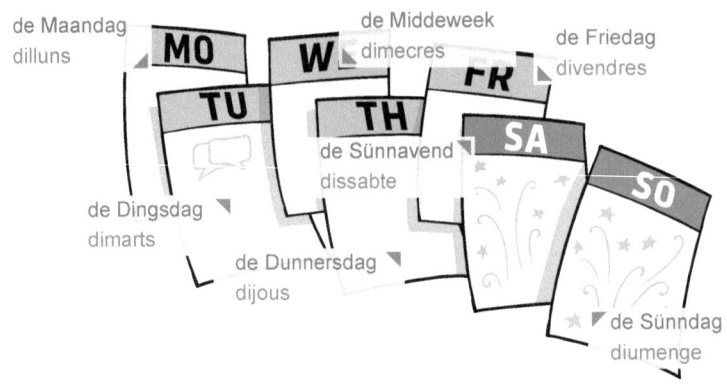

de Maandag — dilluns

de Middeweek — dimecres

de Friedag — divendres

de Dingsdag — dimarts

de Sünnavend — dissabte

de Dunnersdag — dijous

de Sünndag — diumenge

güstern

ahir

hüüt

avui

morgen

demà

de Morgen

matí

de Meddag

migdia

de Avend

tarda

de Arbeitsdaag

dia feiner

dat Wekenenn

cap de setmana

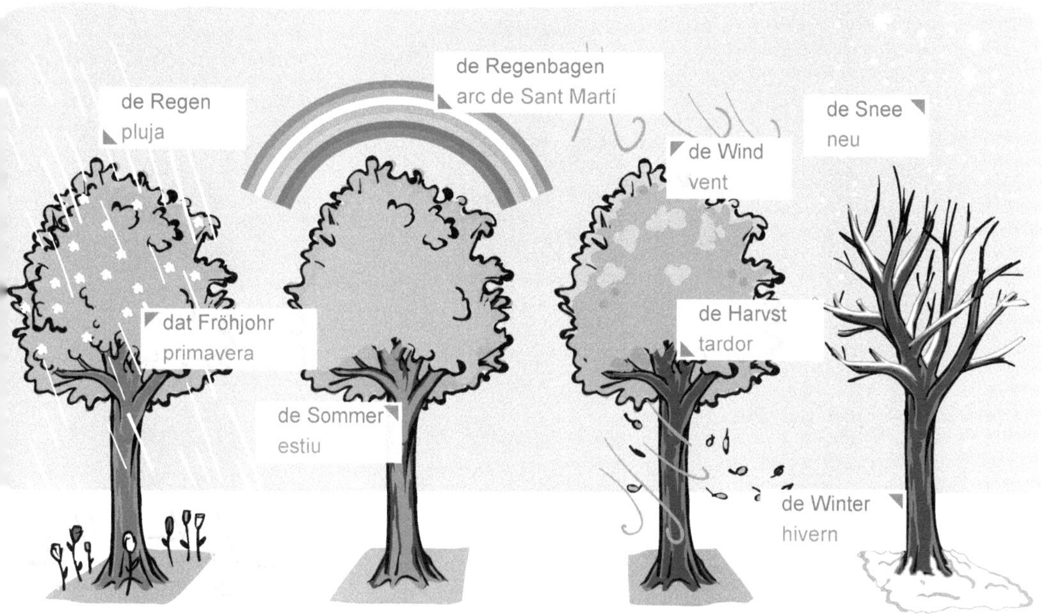

de Regen
pluja

de Regenbagen
arc de Sant Martí

de Snee
neu

de Wind
vent

dat Fröhjohr
primavera

de Harvst
tardor

de Sommer
estiu

de Winter
hivern

4.APRIL	11°	
5.APRIL	4°	
6.APRIL	13°	
7.APRIL	8°	
8.APRIL	10°	

de Wedervörhersaag

pronòstic del temps

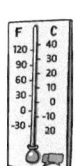

dat Thermometer

termòmetre

de Sünnenschien

llum del sol

de Wulk

núvol

de Nevel

boira

de Luftfuchtigkeit

humiditat de l'aire

de Blitz

llamp

de Dunner

tro

de Storm

tempesta

de Hagel

calamarsa

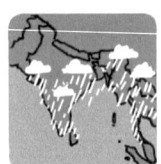

de Monsun

monsó

de Floot

inundació

dat Ies

gel

de Januormaand

gener

de Februormaand

febrer

de Martmaand

març

de Aprilmaand

abril

de Maimaand

maig

de Junimaand

juny

de Julimaand

juliol

de Augustmaand

agost

dat Johr - any

de Septembermaand

setembre

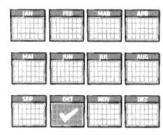

de Oktobermaand

octubre

de Novembermaand

novembre

de Dezembermaand

desembre

de Formen
formes

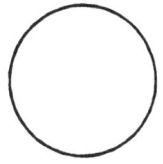

de Krink

cercle

dat Quadrat

quadrat

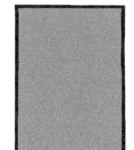

dat Rechteck

rectangle

dat Dreeeck

triangle

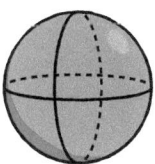

de Kugel

esfera

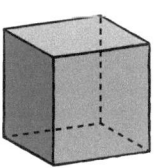

de Wörpel

cub

de Farven

colors

witt
....
blanc

geel
....
groc

orangsch
....
taronja

pink
....
rosa

root
....
vermell

lila
....
lila

blau
....
blau

gröön
....
verd

bruun
....
marró

gries
....
gris

swart
....
negre

veel / wenig

molt / poc

böös / verdreeglich

emprenyat / tranquil

smuck / mies

bonic / lleig

de Begünn / dat Enn

començament / fi

groot / lütt

gran / petit

hell / düüster

clar / fosc

de Broder / de Süster

germà / germana

schier / schietig

net / brut

kumpleet / nich kumpleet

complet / incomplet

de Dag / de Nacht

dia / nit

doot / lebennig

mort / viu

breet / small

ample / estret

geneetbor / nich geneetbor

comestible / immenjable

böös / fründlich

dolent / amable

fickerig / langwielt

entusiasmat / entediat

dick / dünn

gros / prim

toeerst / toletzt

primer / darrer

de Fründ / de Fiend

amic / enemic

vull / leddig

ple / buit

hart / week

dur / tou

swoor / licht

pesant / lleuger

de Smacht / de Döst

gana / set

krank / gesund

malalt / sà

nich na't Recht / na't Recht

il·legal / legal

klook / dummerhaftig

intel·ligent / ximple

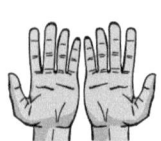

linkerhand / rechterhand

esquerra / dreta

neeg / feern

prop / llunyà

nieg / bruukt

nou / usat

nix / wat

res / quelcom

oolt / jung

vell / jove

an / ut

encès / apagat

apen / slaten

obert / tancat

lies / luut

silenciós / sorollós

riek / arm

ric / pobre

richtig / verkehrt

correcte / incorrecte

ruug / glatt

aspre / suau

trurig / glücklich

trist / content

kort / lang

curt / llarg

suutje / flink

lent / ràpid

natt / dröög

humit / sec - eixut

warm / köhl

calent / fred

de Krieg / de Freden

guerra / pau

0

null

zero

1

een

u

2

twee

dos

3

dree

tres

4

veer

quatre

5

fief

cinc

6

söss

sis

7

söven

set

8

acht

vuit

9

negen

nou

10

teihn

deu

11

ölven

onze

12

twölf
dotze

13

dörteihn
tretze

14

veerteihn
catorze

15

föffteihn
quinze

16

sössteihn
setze

17

söventeihn
disset

18

achtteihn
divuit

19

negenteihn
dinou

20

twintig
vint

100

hunnert
cent

1.000

dusend
mil

1.000.000

million
milió

dat Engelsch

anglès

dat Amerikaansch Engelsch

anglès americà

dat Chineesch Mandarin

xinès mandarí

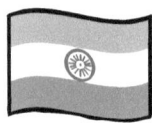

dat Hindi

hindi

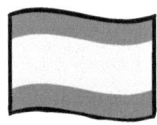

dat Spaansch

espanyol

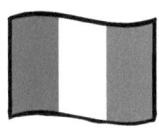

dat Franzöösch

francès

dat Araabsch

àrab

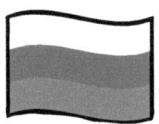

dat Rusch

rus

dat Portugiesch

portuguès

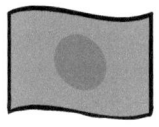

dat Bengaalsch

bengalí

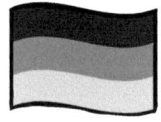

dat Düütsch

alemany

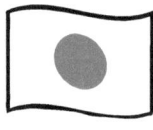

dat Japaansch

japonès

ik

jo

du

tu

he / se / dat

ell / ella / allò

wi

nosaltres

ji

vosaltres

se

ells

keen?

qui?

wat?

què?

woans?

com?

woneem?

on?

wannehr?

quan?

de Naam

nom

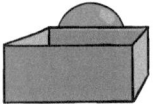

achter

darrere

in

en

vör

davant de

över

damunt

op

sobre

ünner

sota

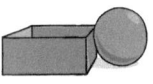

blangen

al costat

twüschen

entre

de Oort

lloc